Sočutje
Edina pot do miru

Govor
Šri Mate Amritandamayi

na filmskem festivalu Cinéma Vérité
12. oktobra 2007, Pariz, Francija

Mata Amritanandamayi Center, San Ramon
California, Združene države

Sočutje: edina pot do miru

V angleščino prevedel: Swami Amritaswarupananda
Puri

Izdal:

Mata Amritanandamayi Center
P.O. Box 613
San Ramon, CA 94583
Združene države

—— *Compassion, the only Way to Peace (Slovenian)* ——

Založniške pravice © 2011 Mata Amritanandamayi
Mission Trust, Amritapuri, Kerala, 690546, Indija

Prva slovenska izdaja MA Center: april 2016

Za Slovenijo:

www.amma.si
amma.slovenia@gmail.com

V Evropi: www.amma-europe.org

V Indiji:

www.amritapuri.org
www.embracingtheworld.org
inform@amritapuri.org

Uvod

Oktobra 2007 je francoska filmska družba Cinéma Vérité zaprosila Ammo, da spregovori o vse večjem naraščanju svetovnih katastrof in naravnih nesreč, ki jih povzroča človek. Cinéma Vérité je preko dokumentarnega filma Jana Kounena iz leta 2005, *Darshan – Objem, Ammo* prepoznala kot edinstveno duhovno in humanitarno voditeljico. Organizacija skozi film že dolgo usmerja pozornost na dela o človekovih pravicah. Ob Kounenovi predstavitvi Amme je družba Cinéma Vérité pomislila, da je zdaj pravi čas za podeljevanje nagrade Cinéma Vérité osebnostim, zaslužnim za izjemno delo na področju vzpostavljanja svetovnega miru in harmonije. Prva njihova nagrajenka je bila Amma.

Svečanost je potekala kot del filmskega festivala Cinéma Vérité 2007 v umetniškem gledališču, v centru Pariza, na Place de la

Bastille. Festivala so se udeležile tudi nekatere druge visoke osebnosti kot Jody Williams, Nobelov nagrajenec za mir leta 1997, Sharon Stone, nominiranka za Oskarja in Bianca Jagger, zagovornica socialnih in človekovih pravic.

Ammo sta predstavila gospa Stone in gospod Kounen. »Prav gotovo ni bolj poklicane osebe, da spregovori o miru, kot je Amma«, je rekel Kounen. »Ne le, da svoje življenje živi v miru, ampak mir tudi prebuja … Počaščeni smo zaradi priložnosti, da lahko s prvo nagrado Cinéma Vérité, nagradimo Ammo, za njen prispevek k svetovnemu miru in harmoniji.«

Kounen je nato spregovoril o svoji izkušnji pri snemanju z Ammo, rekoč, da je Amma oseba, ki ima moč spreminjanja drugih. »Srečen sem da sem režiser, ki lahko sam izbira teme svojih filmov«, je rekel. »To mi daje priložnost, da preživim nekaj časa z Ammo in mi omogoča, da odkrijem, kaj počne ter spoznam, kdo dejansko je. To mi omogoča, da grem na potovanje in s potovanja tudi nekaj prinesem – ta film. To mi daje možnost, da sporočim drugim, kdo je

Amma – kaj sem v času mojega druženja z njo videl, občutil in izkusil. To mi dopušča oboje, možnost, da prenesem to sporočilo drugim in da sem sam priča človeškemu bitju, ki lahko spreminja druge.«

Kounen, ki režira tako igrane kot številne dokumentarne filme o mističnih kulturah, je rekel, da je bilo snemanje z Ammo edinstvena izkušnja. »Osebno se ukvarjam s temami, ki se nanašajo na duhovnost, zdravilce in ljudi, ki delajo čudeže. Pri Ammi pa sem odkril, da je magija nekaj, kar lahko vidiš, nekaj, kar počne ona prav pred tvojimi očmi. To je najbolj osupljivo pri njej. Stvari, ki jih lahko vidiš na lastne oči. In prav to moraš ujeti na film – da vidiš sam in da daš priložnost tudi drugim, da vidijo. Rad bi se ji zahvalil, da mi je dala priložnost, da sem naredil ta film. Hvala.«

Naslednja je spregovorila o Ammi Sharon Stone: »Predstaviti svetnico je težka naloga«, je rekla. »Posneti film o angelu je nekaj povsem drugega. Film *Daršan* je izredno navdihujoč. Življenje osebe, ki se je vsa posvetila služenju,

Sharon Stone, za Oskarja nominirana igralka, je Ammi za njen prispevek k svetovnemu miru in harmoniji podarila prvo nagrado Cinéma Vérité.

pa je nekaj, za kar si lahko prizadevamo vsi. Kajti to je izbira. Sami se lahko odločimo, da bomo služili drugim. Kot je rekel Milton, ko je izgubljal vid: »Služenje je lahko tudi preprosto obstati in počakati, obstati in počakati na druge.« Živimo v času, ko svet, bolj kot kdajkoli prej, živi v stiski. Živimo v času, ko je treba počakati preden se odločimo, da bomo nekaj storili. Delati moramo dobra dela. Delati moramo plemenita dela. In opravljati moramo dela sočutnega služenja.

»Amma je vse svoje življenje posvetila sočutnemu služenju. Objela je že 26 (do danes 30 milijonov, op. p.) milijonov ljudi. Toda njen objem ni le dejanje razdajanja, pač pa dejanje, ki nam je lahko vzor – vzor darovanja in dobrote, pozornosti in čakanja na druge. Čakanja, da pridejo v njen objem in da jih usmeri v življenje dobrote. Pozdravimo torej ne le svetnico in angela, ampak tudi utelešeno dobroto.«

V znak spoštovanja do Amme in njenega dela je v imenu Cinéma Vérité gospa Stone Ammi izročila srebrno ogrlico z obeskom, kar je občinstvo v dvorani nagradilo z bučnim aplavzom.

V svojem nagovoru »Sočutje: edina pot do miru« je Amma podala realistično in konstruktivno analizo problemov, s katerimi se svet sooča danes, opozorila na posebna področja nesoglasij in poudarila, da edino sočutje lahko pripomore k izboljšanju.

Glede konflikta, je Amma govorila zelo odkrito: »Konflikt obstaja že od začetka sveta«, je rekla. »Če rečemo, da ga je nemogoče popolnoma izkoreniniti, bo to povzročilo veliko zaskrbljenost. Toda to je resnica, mar ne?«

Ko je govorila, da konflikta ni mogoče popolnoma odstraniti, je obžalovala, kako se je vojna danes izrodila tako v etičnem smislu kot tudi načinu vodenja. Razložila je, kako se je v starih časih pehota borila proti pehoti, konjeniki proti konjenikom in tako naprej. Nihče ni smel napasti neoboroženega vojaka ali raniti žensk in otrok. Bitka se je pričela ob zori in končala ob sončnem zatonu. »Takšna je bila plemenita tradicija *dharmičnih* vojn, v katerih so do nasprotnika tako na bojišču kot izven njega gojili odnos spoštovanja in naklonjenosti. Prav tako so spoštovali čustva in kulturo prebivalcev sovražnikovega kraljestva. Tako pogumno so na življenje gledali ljudje, ki so živeli v tistem času.«

Amma pravi, da je današnje vojskovanje nekaj popolnoma drugega. »V današnjih vojnah se sovražnikovo deželo uničuje na vse mogoče načine. Zavojevalci plenijo in si prilastijo zemljo, naravne vire in bogastvo poražene dežele ter to uporabljajo za svoje lastno sebično uživanje. Kultura in običaji, ki so se prenašali iz roda v rod, so izkoreninjeni in nedolžni ljudje brez milosti pobiti.«

Amma je povedala, da sta nasilje in trpljenje človeštvo pripeljala do pohlepa in sovraštva, zato je človeštvo nase prevzelo »številna prekletstva«. »Da bi se osvobodilo teh prekletstev, mora najmanj sto naslednjih generacij obrisati solze trpečim, jih skušati potolažiti in lajšati njihove bolečine«, je rekla Amma. »Mar se ne bi za pokoro vsaj sedaj poskusili zazreti v svojo notranjost?«

V nadaljevanju je Amma pozvala svetovne voditelje, naj glede vojne opustijo svoja stara stališča in ideje. »Čas je, da prenehamo s krutostjo in brezobzirnostjo, ki jo v imenu vojne kaže človek«, je rekla. »Vojna je plod neciviliziranih umov. Ti miselni vzorci morajo odpasti. Zamenjati jih mora novo listje, cvetovi ter sadeži sočutja in lepote. Tako sčasoma lahko uničimo notranjega demona – »željo po vojni«, ki je prekletstvo tako za človeka kot za naravo. Potem lahko vstopimo v novo dobo miru in sreče.«

Naslednje konfliktno področje, o katerem je govorila Amma, je med znanostjo in religijo. »Religija in znanost bi morali napredovati z roko v roki«, je rekla Amma. »Tako znanost brez religije kot religija brez znanosti sta nepopolni. Toda družba nas poskuša razdeliti na vernike in znanstvenike.« Amma je zagovarjala misel, da sta si v resnici znanost in religija precej podobni v svojih prizadevanjih – ena raziskuje v zunanjem, druga v notranjem laboratoriju. Amma je rekla: »'Kaj je narava izkustvenega sveta?' 'Kako ta deluje v popolni harmoniji?' 'Od kod izvira?' 'Kam gre?' 'Kam vse to pelje?' 'Kdo sem jaz?' ... Kdo postavlja takšna vprašanja – verniki ali znanstveniki? Oboji.«

»Iz zgodovine bi se morali naučiti lekcijo, ne bi pa smeli tam živeti«, je zaključila Amma. »Združitev znanosti in duhovnosti nam bo pomagala, da pridemo iz temnih hodnikov preteklosti v luč miru, harmonije in enotnosti.«

Amma je spregovorila tudi o medverskih konfliktih. Rekla je, da zaradi človeške omejenosti – ozkosti uma in nevednosti, gibanja, ki naj bi bila izvor luči, namesto tega širijo temo. »Duhovnost je ključ, s katerim lahko odpremo svoja srca in vsakogar gledamo s sočutjem«, je rekla Amma. »Toda, ker smo zaradi sebičnosti slepi, je naš um izgubil svojo razsodnost in naša vizija je postala izkrivljena. Ta sebičnost ustvarja samo še več teme. Naš nekritični um pa z istim ključem, s katerim bi lahko svoja srca odprli, le ta zaklene.«

Velik del Amminega govora je bil posvečen naraščajočemu neskladju med človekom in naravo ter strašnimi posledicami kot so potresi, cunamiji, globalno segrevanje, ekstremne vremenske prilike, suše in podobno. Amma je zopet primerjala sedanjo situacijo s preteklo. »V starih časih ni bilo posebne potrebe po zaščiti okolja, kajti varovanje narave je bilo del čaščenja Boga in življenja samega«, je rekla Amma. »Ljudje so bili bolj vajeni ljubiti in služiti naravi in družbi kot razmišljati o Bogu. Stvarnika so videli v stvaritvi sami. Naravo so ljubili, častili in varovali kot vidno obliko Boga. Poskusimo obuditi to nagnjenje. Trenutno ni največja grožnja človeštvu tretja svetovna vojna, temveč izguba harmonije z naravo in naša vse večja ločenost od nje. Razviti bi morali zavest nekoga, ki stoji pred naperjeno puško. Samo tako lahko človeštvo preživi.«

Amma je podala številne predloge, kako ponovno vzpostaviti izgubljeno harmonijo med človeštvom in naravo: poostrene omejitve onesnaževanja tovarn, skupni prevozi z avtomobilom, na krajših razdaljah kolesarjenje ali pešačenje, vzdrževanje družinskih zelenjavnih vrtov in na vsakega posameznika bi morali mesečno posaditi vsaj eno drevo .

»Narava je naša prva mati«, je dejala Amma. »Hrani nas vse naše življenje. Naša rodna mati nam daje zavetje v svojem naročju nekaj let, mati narava pa nas potrpežljivo prenaša vse življenje. Poje nam uspavanke, nas hrani in ljubkuje. Prav tako kot ima otrok obveznosti do svoje rodne matere, bi morali tudi mi čutiti dolžnost in odgovornost do matere narave. Če pozabimo na to odgovornost, je tako kot bi pozabili nase. Če to storimo in pozabimo na naravo, bomo prenehali obstajati in šli smrti naproti.«

Skozi ves svoj govor je Amma znova in znova poudarjala prepričanje, da je pri vseh teh konfliktih sočutje edina prava pot. »Sočutje je temelj miru«, je rekla Amma. »Sočutje biva v vsakomur. Vendar ga je v vseh naših dejanjih težko izkusiti in izraziti. Zazreti se moramo vase in ga najti globoko v sebi … Če želimo prinesti mir v zunanji svet, moramo najprej umiriti naš notranji svet.«

Simultani prevod Amminega govora v francoski in angleški jezik je doživel bučen aplavz. Večer se ni zaključil le z besedami, ampak z dejanjem – Amma je ljubeče objela vsakega udeleženca programa s svojim srčnim *daršanom*.

Swami Amritaswarupananda Puri
Podpredsednik zborovanja
Mata Amritanandamayi Math

Sočutje:
edina pot do miru

Govor Šri Mate Amritanandamayi

12. oktober 2007 – Pariz, Francija

Konflikt obstaja že od začetka sveta. Če rečemo, da ga je nemogoče popolnoma izkoreniniti, to povzroči veliko strahu. Toda to je res, mar ne? Iz tega razloga bosta dobro in zlo v svetu vedno obstajala. Pri našem boju sprejemanja dobrega in zavračanje slabega, ne moremo popolnoma izključiti možnosti spora. Tak konflikt se kaže v skoraj vseh deželah v obliki notranjih prepirov, vojne in stavk. Čeprav je na splošno namen vojn ohranitev pridobljenih koristi, so v redkih okoliščinah upoštevane tudi potrebe ljudi in tako je dosežena večja korist.

Na žalost večine vojn ljudje niso sprožili zato, da bi povzdignili resnico in pravičnost, ampak jih je spodbudila sebičnost.

Od pred približno 5000 let nazaj do vladavine velikega indijskega kralja Chandragupta Maurya, ustanovitelja dinastije Maurya, sta v vseh vojnah, ki so se bojevale v Indiji, resnica in *dharma* (pravičnost) igrali osrednjo vlogo. Celó takrat sta bila poraz in če je bilo potrebno, tudi uničenje sovražnika, del vojne. Vendar so obstajala jasna pravila, ki so jih na bojnem polju in med spopadom morali upoštevati.

Na primer, pehota se je smela bojevati samo s pehoto in konjenik se je lahko bojeval le s konjenikom. Bojevniki na slonih ali v bojnih vozovih so se lahko bojevali le s podobno opremljenimi nasprotniki. Enaka pravila so veljala za tiste, ki so se borili s kiji, meči, sulicami ter loki in puščicami. Vojaki niso smeli napasti ranjenih ali neoboroženih vojakov, prav tako niso smeli poškodovati žensk in otrok, starejših ali bolnih. Bitke so se začele ob zori s trobentanjem školjk in končale natančno ob sončnem zahodu, ko so vojaki z obeh strani pozabili na svoje medsebojno sovraštvo in skupaj kot eden večerjali. Naslednje jutro se je bitka ponovno začela ob sončnem vzhodu.

Zgodilo se je celó, da so zmagoviti kralji srečni vrnili celotno kraljestvo in vse bogastvo, ki so ga osvojili, kralju, ki so ga porazili ali njegovemu zakonitemu dediču. Takšna je bila plemenita tradicija *dharmičnih* vojn, v katerih so tako na bojišču kot izven njega nasprotnika spoštovali in mu bili naklonjeni. Prav tako so spoštovali čustva in kulturo prebivalcev sovražnikovega kraljestva. Tako pogumno so na življenje gledali ljudje, ki so živeli v tistem času.«

Danes se na letališčih in drugih objektih, da bi preprečili teroristične napade, izvajajo strogi varnostni ukrepi. Čeprav so ti varnostni ukrepi za našo fizično varnost potrebni, niso končna rešitev. Namreč, obstaja nek poseben eksploziv, ki je najbolj uničevalen od vseh. Odkriti ga ne more nobena naprava. To so sovraštvo, gnus in maščevanje v človeškem umu.

V zvezi s tem se Amma spominja neke zgodbe.

Poglavar neke vasi je praznoval svoj stoti rojstni dan. Te zabave se je udeležilo mnogo dostojanstvenikov in novinarjev. Eden od novinarjev ga je vprašal: »Na kaj ste v tem svojem dolgem življenju najbolj ponosni?«

Stari mož je odgovoril: »Torej, živim sto let in na tem planetu nimam niti enega sovražnika.«

»Resnično? Mar ni to čudovito«, je pripomnil novinar. »Naj bo vaše življenje navdih za vse! Sedaj pa mi povejte, kako je to mogoče?«

»Torej«, je odgovoril stari mož. »To je zelo preprosto. Poskrbel sem, da ni nobeden od njih ostal živ!«

Če ne izkoreninimo svojih uničevalnih čustev, vojnam in nasilju ne bo nikoli konca.

V današnjih vojnah je sovražnikova dežela uničena na vse možne načine. Zavojevalci plenijo in si prilastijo zemljo, naravne vire in bogastvo poražene dežele in jih uporabljajo za svoje lastno sebično uživanje. Kultura in običaji, ki so se prenašali iz roda v rod, so izkoreninjeni in nedolžni ljudje so brez milosti pobiti.

Nadalje, ni mogoče izmeriti količin strupenih plinov, ki so jih proizvedle bombe in ostalo vojaško orožje ter tako prenapolnile ozračje in onesnažile zemljo. Koliko generacij je prisiljenih zaradi posledic trpeti tako telesno kot duševno! Po končani vojni je vse, kar ostane, smrt, revščina, stradanje in epidemije. Takšni so darovi vojne človeštvu.

Danes nekatere bogate države ščuvajo k vojni preprosto zato, da pospešijo prodajo njihovega najmodernejšega orožja. Ne glede na to kakšno dejanje izvršimo, pa četudi je to vojna, bi cilj moral biti varovanje resnice in dharme (pravičnosti). Amma ne pravi, da se vojni ne da izogniti. Načeloma vojna ni nikoli neizogibna. Toda, ali bomo zmožni kdaj popolnoma izkoreniniti vojno iz zunanjega sveta, dokler spor ostaja v človeških umih? To je nekaj, o čemer moramo resnično razmisliti.

Eden od glavnih razlogov za mnoge konflikte v današnjem svetu je ločenost med znanostjo in religijo. Dejansko bi morali znanost in religija napredovati z roko v roki. Tako znanost brez religije kot religija brez znanosti sta nepopolni.

Toda družba nas poskuša razdeliti na vernike in znanstvenike. Znanstveniki trdijo, da religija in duhovnost temeljita na slepem verovanju, medtem ko je znanost dejstvo, ker se jo da dokazati s poskusi. Njihovo vprašanje se glasi: »Na kateri strani ste? Vera ali dokazano dejstvo?«

Zmotno je reči, da religija in duhovnost temeljita na slepi veri in da njuna načela niso dokazana. Dejansko se duhovni mojstri ukvarjajo z morda še obsežnejšim raziskovanjem kot sodobni znanstveniki. Sodobni znanstveniki raziskujejo zunanji svet, veliki modreci pa se ukvarjajo z raziskavami v notranjih laboratorijih svojega uma. S tega stališča so tudi oni znanstveniki. V resnici temelj resnične religije ni slepa vera, ampak *sraddha*. Sraddha je raziskovanje – intenzivna raziskava znotraj našega lastnega jaza.

Kakšna je narava izkustvenega sveta? Kako ta deluje v popolni harmoniji? Od kod je prišel? Kam gre? Kam to vodi? Kdo sem jaz? Takšno je njihovo raziskovanje. Kdo postavlja takšna vprašanja – verniki ali znanstveniki? Oboji.

Modreci iz preteklosti niso bili le veliki intelektualci; bili so jasnovidci, ki so udejanili Resnico. Intelektualci so za družbo nedvomno pridobitev. Vendar gole besede in misli niso dovolj. Modreci so ljudje, ki živijo ta načela, ki tem besedam in mislim dejansko vdahnejo življenje in lepoto.

Pred davnimi časi je živel mahatma (velika duša), ki je napisal knjigo z naslovom *Sočutno življenje*. Da bi ustanovil sklad za izdajo knjige, je povabil znance, da bi to podprli. Toda, ko je bil ravno na tem, da knjigo pošlje v tiskarno, je v njegovi vasi izbruhnila lakota in mnogo ljudi je začelo umirati. Ne da bi pomišljal, je denar, namenjen tiskanju knjige, porabil, da je nahranil revne in lačne. Podporniki so bili razburjeni. Vprašali so: »Kaj ste storili? Kako pa bomo natisnili knjigo? Revščina in lakota sta nekaj običajnega. Rojstvo in smrt sta v svetu nenehno prisotna. Ni prav, da ste v imenu te naravne nadloge porabili toliko denarja.« Mahatma ni odgovoril, le nasmehnil se je.

Čez nekaj časa je zopet zaprosil dobrotnike, da bi natisnili knjigo. Čeprav so se obotavljali, so se strinjali. Toda dan, preden je bila knjiga poslana v tisk, je prišlo do velike poplave. Na tisoče ljudi je umrlo in še veliko več jih je izgubilo svoje domove in imetje. Mahatma je spet porabil ves denar za pomoč žrtvam naravne nesreče. Tokrat so bili podporniki še bolj razburjeni. Ostró so mu očitali. Toda tako kot že prej, se tudi tokrat ni odzval na njihove besede in se je v odgovor samo nasmehnil.

Ko je bila knjiga končno natisnjena, je bil njen naslov *Sočutno življenje: tretji del*. Ogorčeni podporniki so zahtevali: »Hej, mar niste sanjasi – sledilec resnice? Kako se lahko tako lažete? Kako je lahko ta knjiga »tretji« del? Kje pa sta prvi in drugi del? Brijete norca iz nas?«

Mahatma je odgovoril: »Dejansko je to tretji del knjige. Prvi del je bil, ko je vas trpela zaradi lakote. Drugi del je bil, ko je življenja in posest tisočih nedolžnih ljudi odnesla voda.

Prva dva dela sta nam pokazala, kako vnesti sočutje v naše življenje na praktičnem nivoju. Moji dragi prijatelji, knjige so samo negibne besede. Če mu takrat, ko živo človeško bitje kliče na pomoč, ne zmoremo v pomoč ponuditi ljubeče roke, v čem je potem smisel knjige, ki opisuje sočutje?«

Če želimo v svoje besede in misli vnesti življenje in zavest, jih moramo uresničiti. Da bi ta cilj dosegli, moramo iskati pot, na kateri religija in moderna znanost korakata v sožitju. Ta enotnost ne sme biti zgolj zunanje razkazovanje. Sprejeti moramo odločne ukrepe, da bomo razumeli in povezali poglede religije in znanosti, ki so koristni za družbo.

Če je naš um povsem znanstven, ni sočuten. Nagnjenost takšnega uma je samo napad, prevlada in mučenje drugih. Vendar, ko se znanstven razum združi z razumevanjem duhovnosti – notranjim bistvom religije – se samo od sebe dvigne sočutje in naklonjenost do vseh živih bitij.

Svetovna zgodovina v glavnem obsega zgodbe polne borb, maščevanja in sovraštva. Reke krvi, ki jih je prelil človek ob svojem hotenju da bi si vse prilastil in nad vsem prevladal, se morajo vendarle posušiti. Dejansko, ko gledamo v preteklost, se nam lahko zdi, kot da človeška rasa ne premore niti kančka sočutja, tako kruta so bila naša dejanja.

Iz zgodovine bi se morali naučiti lekcijo, ne pa je živeti. Združitev znanosti in duhovnosti nam bo pomagala preiti iz temnih hodnikov preteklosti v luč miru, harmonije in enotnosti.

Duhovnost je ključ, s katerim lahko odpremo svoja srca in vsakogar gledamo sočutno. Toda, ker smo zaradi sebičnosti slepi, je naš um izgubil svojo pravo razsodnost in naša vizija je postala izkrivljena. Ta sebičnost ustvarja samo še več teme. Z uporabo istega ključa, s katerim bi lahko odprli svoja srca, jih namesto tega naš nekritičen razum zaklene.

Tu je zgodba o štirih možeh, ki so potovali, da bi prisostvovali religiozni konferenci. Na otoku so morali skupaj preživeti noč. Bilo je strupeno mrzlo. V svojem svežnju je vsak popotnik nosil majhno butaro drv ter škatlico vžigalic. Vsak je mislil, da je edini, ki ima drva in vžigalice.

Eden od mož je razmišljal: »Sodeč po medaljonu, ki visi z moževega vratu, bi rekel, da pripada neki drugi religiji. Če zanetim ogenj, se bo grel tudi on. Zakaj bi uporabljal svoja dragocena drva, da bi ga grela?«

Drugi mož je premišljeval: »Ta človek je iz dežele, ki se je vedno vojskovala z nami. Niti v sanjah ne bi uporabil svojih drv za njegovo udobje!«

Tretji mož je gledal enega izmed njih in se zagovarjal: »Tega sotrpina pa poznam. Pripada sekti, ki v moji religiji vedno ustvarja težave. Njemu na ljubo ne bom trošil svojih drv!«

Četrti je tuhtal: »Ta človek ima drugačno polt in to sovražim! Nikakor ne bom uporabljal svojih drv zanj!«

Nazadnje nihče od njih ni bil voljan prižgati ognja, da bi grel tudi druge in tako so do jutra vsi štirje zaradi mraza umrli. Podobno tudi mi v imenu religije, narodnosti, barve kože ali kaste dajemo zavetje sovraštvu do drugih, ne da bi razširili sočutje do sočloveka.

V imenu miru organiziramo številne konference. Toda kakšnih sprememb se resnično lahko nadejamo samo z govorjenjem sedeč okrog mize? Ko je vse povedano in končano, si ob slovesu stisnemo roke. Mar ta gesta dejansko izraža toplino, ljubezen in sočutje, ki jih občutimo v svojih srcih? Če ne, do resničnega dialoga ni prišlo. Za resničen dialog mora obstajati odprta in prisrčna enost. Zidovi, ki so jih zgradili sovraštvo, predsodki in maščevanje, pa morajo izginiti.

Vse skrbi problem varovanja okolja. Vendar smo zgrešili lekcije, s katerimi nas narava poskuša poučiti. Samo opazujte naravo pozimi. Drevesa izgubljajo svoje staro listje. Na njih ni več plodov. Celó ptice takrat redko sedejo nanje. Toda ko pride pomlad, se vsa narava prerodi. Na drevju in trtah brsti novo listje in kmalu so drevesa polna cvetja in sadja. Ptiči prhutajo s svojimi krili in njihovo ščebetanje je slišati vsepovsod. Vse diši in je prežeto z življenjem. Ista drevesa, ki so bila le nekaj mesecev nazaj videti ovenela, sedaj prekipevajo od novega življenja in lepote.

Po zgledu iz narave, bi morale dežele in njihovi voditelji opustiti svoja stara stališča in predstave o vojni. Sedaj je čas, da prenehamo s krutostjo in brezobzirnostjo, ki ju v imenu vojne kaže človek. Vojna je plod neciviliziranih umov. Ti miselni vzorci morajo odpasti in zamenjati jih mora novo listje, cvetovi ter sadeži sočutja in lepote. Postopoma lahko uničimo notranjega demona – »željo po vojni« - ki je prekletstvo tako za človeštvo kot naravo. Potem lahko vstopimo v novo dobo miru in sreče.

Sočutje je temelj miru. Sočutje prebiva v vsakomur. Toda težko ga je izkušati in izražati v vseh naših dejanjih. Obrniti se moramo nav-znoter in iskati globoko v sebi. »Ali moje srce še drhti od življenja? Lahko v sebi še izkusim vir ljubezni in sočutja? Se moje srce še topi ob bolečini in žalosti drugih? Ali jočem s tistimi, ki trpijo? Sem resnično poskušal otreti solze nekomu, da bi ga potolažil, ali sem dal drugemu vsaj en obrok ali nekaj oblačil?« Podobno lahko sami s poštenostjo pogledamo v svojo notranjost. Potem bo znotraj naših umov sama od sebe zasijala pomirjujoča mesečina sočutja.

Če želimo uveljaviti mir v zunanjem svetu, mora biti najprej miren naš notranji svet. Mir ni razumska odločitev. Je izkustvo.

Sočutje in simpatija ustvarita resnično pogumnega vodjo. Vsakdo, ki ima denar, orožje in znanje, se lahko spusti v vojno. Toda nihče ne more poraziti sile ljubezni in srčnosti.

Ko bi le bili naši umi, oči, ušesa in roke sposobni resnično razumeti in čutiti žalost in bolečino drugih! Kolikim samomorom bi se lahko ognili? Koliko ljudi bi lahko dobilo hrano, obleko in zavetje? Koliko otrok ne bi postalo sirot? Kolikim ženskam, ki za preživetje prodajajo svoja telesa, bi lahko pomagali? Kolikim bolnikom, ki trpijo neznosne bolečine, bi lahko zagotovili zdravila in zdravljenje? Kolikim sporom v imenu denarja, slave in položaja bi se lahko izognili?

Prvi korak pri razvijanju sočutja je, da ravnamo z vsemi stvarmi, ki jih imamo za nežive – tako kot kamenje, pesek, skale, les in podobno – z ljubeznijo in spoštovanjem. Če lahko občutimo ljubezen in naklonjenost do predmetov, potem lažje razvijemo ljubezen in sočutje do dreves, trt, ptic, živali, življenja v oceanih, rekah, gorah in vse ostale narave. Če lahko dosežemo to stanje, potem bomo samodejno čutili sočutje do vsega človeštva.

Ali se ne bi morali zahvaliti stolu in skalam, ki nam priskrbijo mesto za sedenje in počivanje? Ali ne bi morali izraziti svoje hvaležnosti materi Zemlji, ki nam potrpežljivo zagotavlja svoje naročje, da po njem lahko tekamo, skačemo in se igramo? Ali ne bi morali biti hvaležni pticam, ki nam pojejo, cvetlicam, ki nam cvetijo, drevesom, ki nam ponujajo senco in rekam, ki za nas tečejo?

Ob vsakem svitanju nas pozdravi nov sončni vzhod. Ponoči, ko spimo in pozabimo na vse, se nam lahko marsikaj zgodi, celó umremo lahko. Ali se kdaj zahvalimo Veliki Sili, ki nas blagoslovi, da se naslednje jutro zbudimo in delujemo prav tako kot prej, ne da bi se karkoli zgodilo našemu telesu ali umu? Če na to gledamo na ta način, ali ne bi morali biti hvaležni vsakomur in vsemu? Samo sočutni ljudje so sposobni izraziti takšno hvaležnost.

Ni videti konca vojnam in smrti, ki jih povzroča človek, ali prelitim solzam vseh nedolžnih žrtev zaradi takšnih tragedij. Zakaj vse to? Samo zaradi osvajanja, vzpostavljanja nadvlade in zadovoljevanja pohlepa po denarju in slavi. Človeštvo si je nakopalo nešteta prekletstva. Da bi se osvobodilo teh prekletstev, mora najmanj sto naslednjih generacij obrisati solze trpečim, jih skušati potolažiti in lajšati njihove bolečine. Mar se ne bi za pokoro vsaj sedaj poskusili zazreti v svojo notranjost?

Noben oblastiželen, samoljuben vodja, ki je nagnjen k varovanju svojih lastnih interesov, ni nikoli dosegel miru in sreče z osvajanjem sveta in preganjanjem ljudi. Njegova smrt in dnevi pred smrtjo so bili zanj pravi pekel na zemlji. Zgodovina je to veliko resnico že dokazala. S hvaležnostjo moramo sprejeti to dragoceno priložnost in napredovati po poti miru in sočutja.

Ničesar nismo prinesli s seboj in ko bomo zapustili ta svet, ne bomo ničesar odnesli s seboj. Naučiti se moramo biti nepristranski

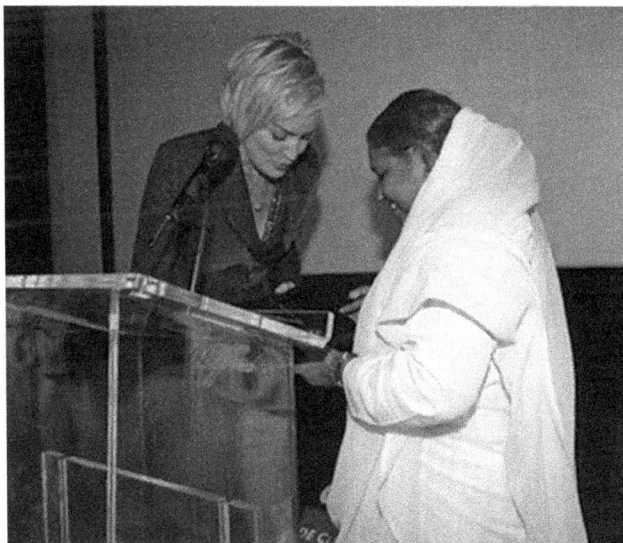

in nenavezani na svet in njegove predmete in spoznati, da nam nikoli ne morejo dati trajne, resnične sreče.

Kot vsi veste, je bil Aleksander Veliki bojevnik in vladar, ki je osvojil skoraj tretjino sveta. Želel je postati vladar vsega sveta, toda po porazu v bitki je zbolel za smrtonosno boleznijo. Nekaj dni pred svojo smrtjo je Aleksander poklical svoje ministre, da bi se pogovorili o podrobnostih njegovega pogreba. Pojasnil je, da bi rad imel na obeh straneh svoje krste odprtine, skozi katere bi z razširjeno odprtimi dlanmi visele njegove roke. Ministri so vprašali svojega gospodarja, zakaj želi, da to storijo.

Aleksander jim je razložil, da bi na ta način lahko vsi spoznali, da je »Aleksander Veliki«, ki je vse življenje posvetil prilaščanju in osvajanju, zapustil svet popolnoma praznih rok. S seboj ni vzel niti svojega telesa. Tako bodo lahko razumeli, kako jalovo je porabiti svoje življenje za lov na posest.

Razumeti moramo začasnost sveta in njegovih predmetov, ki ob smrti nikoli ne gredo z nami.

Vse v vesolju ima svoj ritem. Veter, dež, valovi, naše dihanje in bitje našega srca – vse ima ritem. Prav tako obstaja ritem v življenju. Naše misli in dejanja ustvarjajo ritem in melodijo naših življenj. Ko naše misli izgubijo ritem, se to odraža v naših dejanjih. Takrat naše življenje pade iz ritma. Danes to vidimo povsod okrog nas.

Dandanes postaja zrak vedno bolj onesnažen in prav tako voda. Reke se sušijo. Uničujejo se gozdovi. Širijo se nove bolezni. Če se bo to nadaljevalo, se vsej naravi in človeštvu obetajo hude naravne nesreče.

Amma bo povedala primer, s katerim bo ponazorila vpliv onesnaženja na okolje. Amma se še spominja, kako je v njenem otroštvu, kadar se je otrok opraskal ali rahlo ranil, mati pokrila rano s kravjim govnom. To je pospešilo celjenje. Toda, če bi to storili danes, bi se rana okužila. Lahko bi celó umrli. Danes je kravje govno strupeno. Kar je bilo včasih zdravilo, je danes postalo strup.

Sedanja generacija živi kot da ne bi imela zveze z naravo. Vse okrog nas je umetno. Danes jemo sadje in žito, ki je zraslo na umetnem gnojilu in pesticidih. Da bi podaljšali njihovo življenjsko dobo, dodajamo sredstva za konzerviranje. Tako zavedno ali nezavedno nenehno uživamo strup. Posledica tega so mnoge nove bolezni. Davno v preteklosti je bila povprečna življenjska doba preko sto let. Danes pa ljudje živijo samo osemdeset let ali manj in več kot petinsedemdeset odstotkov populacije trpi zaradi takšne ali drugačne bolezni.

Ne le, da je hrana, ki jo jémo in voda, ki jo pijemo, postala onesnažena, ampak celó zrak, ki ga dihamo, je poln strupov. Zaradi tega človeški imunski sistem slabi. Mnogo ljudi je že odvisnih od inhalatorja za dihanje in ta številka nenehno narašča. Morda se bomo čez nekaj let naokrog sprehajali s kisikovo jeklenko za dihanje, tako kot astronavti v vesolju. Veliko ljudi je danes alergičnih, celó na dozdevno najbolj nepomembne stvari. Zaradi naše vedno večje odtujenosti od narave postaja za nas preživetje vedno težje .

Dandanes so ne le ljudje, temveč celó živali in rastline, ki jih gojimo in pridelujemo, ločeni od narave. S prilagajanjem naravnim pogojem divje rastline preživijo ne glede na vreme. Toda kulturne rastline se ne morejo same upreti škodljivcem in jih moramo škropiti s pesticidi. Potrebujejo toliko posebne nege, da niso zmožne naravno preživeti.

Gozdovi so uničeni in na njihovem mestu se dvigajo stanovanjska naselja. V teh naseljih gnezdijo mnoge ptice. Če ta gnezda pozorno pogledamo, vidimo, da so zgrajena iz žic in koščkov plastike. To pa zato, ker število dreves upada. V prihodnosti dreves morda sploh ne bo več. Ptice se učijo prilagajanja na novo okolje.

Podobno je s čebelami. Običajno čebele, ko nabirajo nektar, nimajo težav potovati tudi več kilometrov stran od čebelnjaka. Toda danes se čebele, ko naberejo nektar, ne morejo spomniti poti nazaj domov in se izgubijo. Ker ne morejo priti do čebelnjakov, umrejo. Na nek način imamo hrano zaradi čebel. Čebele igrajo ključno vlogo pri ohranjanju narave in družbe. Oprašujejo rastline, ki nam nudijo plodove in zrnje. Prav tako ima človeštvo korist od čisto vsakega živega bitja. Za preživetje so bitja na Zemlji odvisna drug od drugega. Če je letalski motor poškodovan, letalo ne more leteti. Toda letalo ne more leteti niti takrat, ko je poškodovan en sam vitalni vijak. Enako pomembno vlogo igra tudi najmanjše živo bitje. Vsa živa bitja potrebujejo našo pomoč, da bi preživela. So tudi naša odgovornost.

Zaradi dnevnega naraščanja števila prebivalstva na planetu, postaja vse težje pridelati dovolj hrane in žita za zadovoljitev naraščajočih potreb. Da bi rešili to težavo, znanstveniki raziskujejo različne umetne metode, kot so umetna gnojila, s katerimi bi povečali donos pridelka. Tako rastline, ki so prej potrebovale za dozorevanje plodov šest mesecev, sedaj potrebujejo samo še dva. Vendar pa takšna zelenjava obdrži le še tretjino svoje hranilne vrednosti. Dodatno se je dramatično znižala tudi življenjska doba teh rastlin. Zlahka vidimo, da so se naše umetne metode izjalovile.

Narava je kot gos, ki nese zlata jajca. Toda, če ubijemo gos in poskusimo pograbiti vsa zlata jajca naenkrat, bomo izgubili vse. Prenehati moramo z onesnaževanjem in izrabljanjem matere Narave. Da si zagotovimo obstanek in prav tako obstanek prihodnih generacij, jo moramo varovati. Narava je drevo, ki izpolnjuje želje in daje človeštvu vse obilje. Toda danes je naš položaj podoben tistemu, ko bedak žaga prav tisto vejo, na kateri sedi.

Če število naših belih krvničk narašča, je to lahko znak, da imamo raka. Čeprav bele krvničke po svoji naravi niso nevarne, lahko zbolimo, če narastejo preko določene meje. Podobno potrebujemo naravne vire, da preživimo. Toda, če jih izčrpamo in škodujemo naravi, to postane nevarno tako za nas kot tudi za druge.

Amma ima prošnjo. Čisto vsak človek na tem planetu mora igrati svojo vlogo pri vzpostavljanju harmonije z naravo. Storiti moramo vse, kar lahko, da ustavimo onesnaževanje. Tovarne in industrija so potrebne, toda najti moramo nove načine za zmanjšanje onesnaževanja vode in zraka. Prav tako je nujno potrebno graditi tovarne daleč stran od stanovanjskih območij.

V mestih je povečano število vozil eden od glavnih vzrokov onesnaževanja. Že sedaj ima skoraj vsaka družina vsaj en avto. Če pet ljudi, ki živijo in delajo blizu drug drugega, naredi urnik za skupen prevoz, da enkrat pelje eden vse, drugič drugi, lahko en avto nadomesti pet avtomobilov. Če bi to storila vsa dežela, bi se vsakih sto tisoč avtomobilov zmanjšalo na dvajset tisoč. Onesnaževanje bi se radikalno zmanjšalo in prihranili bi veliko nafte. Vsi vemo, da se zaloge nafte hitro zmanjšujejo. S skupnim prevozom na delo bi tudi zaloge nafte trajale dlje. Toda mnogo pomembnejše pa je, da bi se med ljudmi okrepili ljubezen in sodelovanje. Amma čuti, da lahko ta nasvet poskusimo izpeljati vsi.

Ko potujemo na kratke razdalje, lahko uporabimo kolo, namesto da trošimo gorivo, s tem pa poskrbimo tudi za telesno vadbo. Eden od glavnih vzrokov naraščanja bolezni je tudi pomanjkanje telesne vadbe. Nekatere matere se pritožujejo Ammi, da porabijo veliko denarja za otrokovo članstvo v športnih klubih. Ko jih je Amma vprašala, kako njihovi otroci pridejo do telovadnice, so rekle, da jih odpeljejo z avtom celó, če je ta blizu. Če bi otroci do tja hodili, bi imeli dovolj vadbe in bi tako prihranili denar.

Običaj vrtnarjenja upada. Četudi imamo le majhen košček zemlje, bi morali z uporabo organskih gnojil gojiti nekaj zelenjave. Kadar smo s svojimi rastlinami, bi se morali z njimi pogovarjati in jih poljubljati. Tak odnos z naravo nam daje novo življenjsko moč.

Pri ohranjanju harmonije z naravo igrajo najpomembnejšo vlogo gozdovi. Danes v svetu obstaja neka oblika harmonije samo zaradi njih. Vsaka dežela bi morala zaščititi preostanek gozdov in posaditi toliko dreves kot je mogoče. Vsak posameznik bi se moral zaobljubiti, da bo posadil vsaj eno drevo na mesec, tako da bi na leto vsak človek posadil dvanajst dreves. Če bi sodelovali vsi, lahko v kratkem obdobju znova povrnemo lepoto narave na obličje sveta. Amma je slišala o posebni vrsti drevesa (karibsko drevo Tabonuco), čigar korenine se prepletejo in zrasejo s koreninami sosednjih dreves. Ne glede na to, kako močan je veter, teh dreves ne more izruvati. Če živimo v ljubezni in enotnosti skladno z naravo, imamo moč, da premagamo vsako krizo.

Narava je naša prva mati. Hrani nas vse naše življenje. Naša rodna mati nam daje zavetje v svojem naročju nekaj let, mati narava pa nas potrpežljivo prenaša vse življenje. Poje nam uspavanke, nas hrani in ljubkuje. Prav tako kot ima otrok obveznosti do svoje rodne matere, bi morali tudi mi čutiti dolžnost in odgovornost do matere narave. Če pozabimo na to odgovornost, je tako kot bi pozabili nase. Če pozabimo na naravo, bomo prenehali obstajati in če to storimo, gremo smrti naproti.

V starih časih ni bilo posebne potrebe po zaščiti okolja, kajti varovanje narave je bilo del čaščenja Boga in življenja samega. Ljudje so bili bolj vajeni ljubiti in služiti naravi in družbi kot razmišljati o Bogu. Stvarnika so videli v stvaritvi sami. Naravo so ljubili, častili in varovali kot vidno obliko Boga. Poskusimo obuditi to nagnjenje. Trenutno ni največja grožnja človeštvu tretja svetovna vojna, temveč izguba harmonije z naravo in naša vse večja ločenost od nje. Razviti bi morali zavest nekoga, ki stoji pred naperjeno puško. Samo tako lahko človeštvo preživi.

Življenje postane izpolnjeno, ko človeštvo in narava bivata skladno z roko v roki. Ko se melodija in ritem med seboj dopolnjujeta, postane glasba lepa in prijetna za uho. Prav tako življenje postane kot čudovita pesem, kadar ljudje živijo v skladu z zakoni narave.

Narava je ogromen cvetlični vrt. Živali, ptice, drevesa, rastline in ljudje so raznobarvno cvetje tega vrta. Lepota tega vrta je popolna samo, kadar je vse skupaj harmonično, ob čemer se širijo vibracije ljubezni in složnosti. Naj vse naše misli postanejo eno v ljubezni. Delajmo skupaj, da preprečimo venenje teh cvetlic, da bo vrt lahko za vedno ostal lep.

Sedaj želi Amma z vami deliti še nekaj točk, za katere čuti, da so vredne premišljevanja:

1. Predstavljajte si, da bi bila človeška rasa odstranjena z obličja zemlje. Planet bi se znova bohotil od vegetacije. Voda in zrak bi se očistila. Vsa narava bi bila napolnjena z radostjo. In nasprotno, predstavljajte si, da na zemlji razen človeških bitij ni drugega življenja. Ne bi zmogli preživeti. Zemljo je ustvaril Bog, in pesem, ki prihaja iz narave, je v popolni harmoniji in ritmu. Samo človeška bitja so tista, ki povzročajo note neubranosti.

2. Vir miru in harmonije sta ljubezen in sočutje. Skozi ljubezen bo cvetel nežen popek naših src. Potem se bo vse naokrog širil čudovit vonj ljubezni.

3. Ptica družbe ima dve krili: znanost in duhovnost. Ti dve morata sodelovati z roko v roki, ker sta za napredek družbe potrebni obe. Če se med napredkom držimo duhovnih vrednot, potem lahko postane znanost orodje, ki bo prineslo svetu mir in harmonijo.

4. Nikoli ne smemo izgubiti svoje notranje moči. Samo šibek um vidi le temno stran vsega in postane zmeden. Optimisti pa v še

tako gosti temi vidijo žarke Božje milosti. Luč te vere je znotraj nas. Prižgite to luč; njena svetloba bo vodila vsak naš korak. Ne obtičimo v bolečih spominih na vojno in spore preteklih dni. Pozabimo temno zgodovino sovraštva in tekmovalnosti ter pozdravimo novo dobo zaupanja, ljubezni in sloge. Da bi se to lahko zgodilo, si moramo prizadevati vsi skupaj. Noben napor, pa če je še tako majhen, ni nikoli zaman. Celó če sredi puščave cvete le ena sama rožica, je nekaj. Takšen odnos moramo razviti pri delovanju. Naše zmožnosti so morda omejene, toda če poganjamo barko življenja z vesli samo-napora, nam bo veter Božje milosti zagotovo prišel na pomoč.

5.   Pripravljeni se moramo biti spremeniti, sicer bomo v to prisiljeni. Če se ne spremenimo, potem nam sledi smrt – izbirati moramo med enim ali drugim.

6.   Človeška rasa bi morala razumeti, da ni edina vrsta s pravico do življenja. Koliko vrst je že izumrlo! Ni dovolj, da smo prijazni

in sočutni do človeških bitij, sočutni moramo biti do vseh živih bitij.

7. Pred boleznijo ne moremo ubežati le z uničenjem komarjev, piščancev in krav. Ponovna vzpostavitev naravne harmonije bi morala biti naša prioriteta.

Če je vir vojn v človeškem umu, potem mora tam prebivati tudi izvor miru. Če želimo vojno v prihodnosti preprečiti, moramo svojim otrokom vrednote privzgajati že v rani mladosti. Če želimo narediti jogurt, je vse, kar moramo storiti, da dodamo mleku majhno količino jogurta, to premešamo in pustimo nekaj časa stati. Podobno starši prenesejo pozitivne vrednote na svoje otroke s tem, da jim dajejo dober vzgled. Potem v otrocih na površje samodejno privrejo plemenite lastnosti.

Ko Amma potuje po svetu, jo pogosto obiščejo ljudje iz dežel, kjer divja vojna. Ženske iz teh območij pripovedujejo Ammi: »Zjutraj se zbudimo ob streljanju orožja in kričanju. Naši otroci se nas v strahu in jokaje oklepajo, pa tudi me jih objemamo in jočemo. Toliko let je že minilo, odkar smo se zbujali ob petju ptic.« Molimo, da na teh območjih pokanje orožja kmalu zamenjajo sladki zvoki ptičjega ščebeta in da mladi in stari planejo v smeh namesto v jok.

Amma pogosto razmišlja, kako čudovito bi bilo, če bi – kot v kakšni otroški igri – bombe namesto šrapnelov, raztresle čokolado in sladkorčke, ali širile čudovit vonj, ali razsvetlile nebo v barvah mavrice. Ko bi le bili bliski uničenja, bliski sočutja. Z modernim orožjem lahko tarčo zadenejo s smrtonosno natančnostjo. Ko bi le lahko s to isto natančnostjo sočutno dosegli revne, lačne in brezdomce!

Stopimo skupaj in pokažimo svetu, da sočutje, ljubezen in skrb do soljudi z obličja zemlje niso povsem izginili. Zgradimo nov svet miru in harmonije, ki bo globoko koreninil v univerzalnih vrednotah, katere so podpirale človeštvo že od pradavnine. Za vedno recimo vojni in krutosti zbogom in ju spremenimo v snov iz pravljic. Naj nas prihodnost pomni kot generacijo miru.

Om lokah samastah sukhino bhavantu

Naj bodo srečna vsa bitja v vseh svetovih

www.ingramcontent.com/pod-product-compliance
Lightning Source LLC
Chambersburg PA
CBHW070636050426
42450CB00011B/3222